Die Nymphe des Brunnens

Johann Karl August Musäus

(Editor: Hans Fraungruber)

Alpha Editions

This edition published in 2022

ISBN : 9789356710627

Design and Setting By
Alpha Editions
www.alphaedis.com
Email - info@alphaedis.com

Die Nymphe des Brunnens

By Johann Karl August Musäus

Drei Meilen hinter Dinkelsbühl im Schwabenlande lag vorzeiten ein altes Raubschloß, das einem mannfesten Ritter zugehörte, Wackermann Uhlfinger genannt, die Blume der faust- und kolbengerechten Ritterschaft, der Schrecken der schwäbischen Bundesstädte, auch aller Reisenden und Frachtführer, die keinen Geleitsbrief von ihm gelöst hatten. Wenn Wackermann seinen Küraß und Helm angelegt, seine Lenden mit dem Schwert umgürtet hatte und die goldenen Sporen an seinen Fersen klirrten, war er nach der Sitte seiner Zeitgenossen ein roher, hartherziger Mann, der Rauben und Plündern für ein Vorrecht des Adels hielt, den Schwächern befehdete und, weil er selbst mannhaft und rüstig war, kein ander Gesetz erkannte, als das Recht des Stärkern. Wenn's hieß, »Uhlfinger ist im Anzuge, Wackermann kommt«, fiel Schrecken auf ganz Schwabenland; das Volk flüchtete in die festen Städte und die Wächter auf den Zinnen der Warten stießen ins Horn und verkündeten die nahe Gefahr.

Dieser gefürchtete Mann war aber daheim, wenn er seine Rüstung abgelegt hatte, fromm wie ein Lamm, gastfrei wie ein Araber, ein gutmütiger Hausvater und ein zärtlicher Gatte. Seine Hausfrau war ein sanftes liebevolles Weib, sittig und tugendsam und stund ihrem Hauswesen gar fleißig vor. Zudem war sie Mutter von zwei Töchtern, die sie mit großer Sorgfalt tugendsam und häuslich auferzog. In dieser klösterlichen Eingezogenheit störte nichts ihre Zufriedenheit als die Freibeuterei ihres Gemahls, der sich mit ungerechtem Gut bereicherte. Sie mißbilligte diese Räubereien in ihrem Herzen und es machte ihr keine Freude, wenn er ihr gleich die herrlichsten Stoffe, mit Gold und Silber durchwirkt, zu reichen Kleidern schenkte. »Was soll mir der Plunder,« sprach sie oft zu sich selbst, »daran Seufzer und Tränen hangen?« Sie warf mit geheimem Widerwillen diese Geschenke in ihre Truhe und würdigte sie weiter keines Anblicks, bemitleidete die Unglücklichen, die in Wackermanns Haft fielen, setzte sie oft durch ihre Fürbitte in Freiheit und begabte sie mit einem Zehrpfennig.

Am Fuße des Schloßberges verbarg sich tief im Gebüsch eine ergiebige Felsenquelle, welche in einer natürlichen Grotte entsprang, die nach einer alten Volkssage von einer Brunnennymphe bewohnt sein sollte, welche man die Nixe nannte, und die Rede ging, daß sie sich bei sonderbaren Ereignissen im Schlosse zuweilen sehen ließ. Zu diesem Brunnen lustwandelte die edle Frau oftmals ganz einsam, wenn sie während der Abwesenheit ihres Gemahls außerhalb der düstern Burgmauern frische Luft schöpfen oder ohne Geräusch Werke der Wohltätigkeit im Verborgenen ausüben wollte.

Einstmals war Wackermann mit seinen Reisigen ausgezogen, den Kaufleuten aufzulauern, die vom Augsburger Markte kamen, und verweilte länger als sein Verlaß war. Das bekümmerte die zarte Frau, sie wähnte, ihrem Herrn sei ein Unglück begegnet, er sei erschlagen oder in Feindes Gewalt. Es war ihr so weh ums Herz, daß sie nicht ruhen noch rasten konnte. Schon mehrere Tage hatte sie sich zwischen Furcht und Hoffnung abgeängstet, und oft rief sie dem Zwerge zu, der auf dem Turm Wacht hielt: »Kleinhänsel, schau aus! Was rauscht durch den Wald? Was trappelt im Tal? Wo wirbelt der Staub? Trabt Wackermann an?« Aber Kleinhänsel antwortete gar trübselig: »Nichts regt sich im Wald, nichts reitet im Tal, es wirbelt kein Staub, kein Federbusch weht.« Das trieb sie so bis in die Nacht, da der Abendstern heraufzog und der leuchtende Vollmond über die östlichen Gebirge blickte. Da konnte sie's nicht aushalten zwischen den vier Wänden ihres Gemachs; sie warf ihr Regentuch über, stahl sich durchs Pförtchen in den Buchenhain und wandelte zu ihrem Lieblingsplätzchen, dem Kristallbrunnen, um desto ungestörter ihren kummervollen Gedanken nachzuhängen. Ihr Auge floß von Zähren, und ihr sanfter Mund öffnete sich zu melodischen Wehklagen, die sich mit dem Geräusch des Baches mischten, der vom Brunnen her durchs Gras lispelte.

Indem sie sich der Grotte nahte, war's ihr, als ob ein leichter Schatten um den Eingang schwebe; aber weil's in ihrem Herzen so arbeitete, achtete sie wenig darauf und der erste Anblick schob ihr den flüchtigen Gedanken vor, daß das einfallende Mondenlicht ihr eine Truggestalt vorlüge. Da sie näher kam, schien sich die weiße Gestalt zu regen und ihr mit der Hand zu winken. Darüber kam ihr ein Grausen an, doch wich sie nicht zurück; sie stund, um recht zu sehen, was es wäre. Das Gerücht von dem Nixenbrunnen, das in der Gegend umlief, war ihr nicht unbewußt. Sie erkannte die weiße Frau nun für die Nymphe des Brunnens und diese Erscheinung schien ihr eine wichtige Familienbegebenheit anzudeuten. Welcher Gedanke konnte ihr jetzt näher liegen als der von ihrem Gemahl? Sie zerraufte ihr schwarzgelocktes Haar und erhob eine laute Klage: »Ach des unglücklichen Tages! Wackermann! Wackermann! Du bist gefallen, bist kalt und tot! Hast mich zur Wittib gemacht und deine Kinder zu Waisen!«

Da sie so klagte und die Hände rang, vernahm sie eine sanfte Stimme aus der Grotte: »Mathilde, sei ohne Furcht, ich verkünde dir kein Unglück, nahe dich getrost, ich bin deine Freundin und mich verlangt, mit dir zu kosen.« Die edle Frau fand so wenig Abschreckendes in der Gestalt und Rede der Nixe, daß sie den Mut hatte, die Einladung anzunehmen; sie ging in die Grotte, die Bewohnerin bot ihr freundlich die Hand und küßte sie auf die

Stirn, saß traulich zu ihr hin und nahm das Wort: »Sei mir gegrüßt in meiner Wohnung, du liebe Sterbliche, dein Herz ist rein und lauter wie das Wasser meines Brunnens, darum sind dir die unsichtbaren Mächte geneigt. Ich will dir das Schicksal deines Lebens eröffnen, die einzige Gunstbezeigung die ich dir gewähren kann. Dein Gemahl lebt, und ehe der Hahn den Morgen auskräht, wird er wieder in deinen Armen sein. Fürchte nicht, ihn zu betrauern, der Quell deines Lebens wird früher versiegen als der seine; vorher aber wirst du noch eine Tochter küssen, die auf schwankender Wage des Schicksals Glück und Unglück dahin nimmt. Die Sterne sind ihr nicht abhold; aber ein feindseliger Gegenschein raubt der Verwaisten das Glück der mütterlichen Pflege.«

Das betrübte die edle Frau sehr, da sie hörte, daß ihr Töchterlein der treuen Mutterpflege entbehren sollte, und sie brach in laute Zähren aus. Die Nymphe wurde dadurch gerührt; »weine nicht,« sprach sie, »ich will bei deinem Kinde Mutterstelle vertreten, wann du es nicht beraten kannst; doch unter dem Beding, daß du mich zur Taufpate des zarten Fräuleins wählest, damit ich teil an ihr habe. Dabei sei eingedenk, daß das Kind, so du es meiner Sorge anvertrauen willst, mir den Waschpfennig wiederbringe, den ich einbinden werde.« Frau Mathilde willigte in dies Begehr, darauf griff die Nixe nach einem glatten Bachkiesel und gab ihr solchen mit dem Beifügen, denselben durch eine treue Magd zu rechter Zeit und Stunde zum Zeichen der Einladung zur Gevatterschaft in den Brunnen werfen zu lassen. Frau Mathilde verhieß dem allen treulich nachzukommen, verlor keins dieser Worte aus ihrem Herzen und begab sich nach der Burg zurück; die Nymphe aber ging wieder in den Brunnen und verschwand.

Nicht lange hernach trompetete der Zwerg freudig vom Turm herab und Wackermann ritt mit seinen Reisigen wohlgemut in den Hof ein, mit reicher Beute beladen. Nach Verlauf eines Jahres fügte sich's, daß Wackermann einen Fehdebrief bekam von einem Ritter, den er beim Trunk beleidigt hatte und der mit ihm anbinden wollte auf Tod und Leben. Er rüstete sich und seine Gewappneten fleißig zu, und als er im Begriff war aufzusitzen und nach Gewohnheit von seiner Gemahlin sich verabschiedete, forschte sie sorgsam nach seinem Vorhaben, drang in ihn wider Gewohnheit, ihr zu sagen, gegen wen er ausziehe, und da er ihr diese ungewöhnliche Neubegier liebreich verwies, verhüllte sie ihr Gesicht und weinte bitterlich. Das ging dem edlen Ritter ans Herz, doch tat er sich's nicht aus, saß auf und eilte zum Tummelplatz, traf mit seinem Gegner hart zusammen, erlegte ihn nach einem wackern Rennen und kehrte triumphierend heim.

Seine züchtige Hausfrau empfing ihn mit offenen Armen, liebkoste ihn freundlich und ließ nicht ab, mit glatten Worten und süßer Schmeichelei ihn auszuholen, was für ein Abenteuer er bestanden habe. Er aber verschloß flugs sein Herz, verwahrte alle Zugänge mit dem Riegel der Unempfindsamkeit und offenbarte ihr nichts; vielmehr sprach er spottweise:

»O Mutter Eva, deine Töchter sind noch nicht ausgeartet, Neugier und Vorwitz ist der Weiber Erbteil bis auf diesen Tag.« – »Verzeihet, lieber Gemahl,« antwortete die kluge Frau, »die Männer haben auch ihr bescheiden Teil aus Mutter Evens Erbschaft empfangen. Der Unterschied ist nur, daß eine gutmütige Frau für ihren Mann kein Geheimnis hat noch haben darf. Es stünde die Wette, wenn mein Herz Euch was verhehlen könnte, daß Ihr nicht ruhen noch rasten würdet, bis Ihr mir meine Heimlichkeit abgelockt hättet.« – »Und ich,« versetzte er, »gebe Euch mein Wort, daß mich Eure Heimlichkeit nichts kümmern wird; es ist Euch vergönnt, die Probe zu machen.« Da war's, wo Frau Mathilde ihren Ehegemahl hinhaben wollte. »Wohlan,« sprach sie, »lieber Herr, so sei mir vergönnt, eine von den Gevattern zu erkiesen, die mein neugebornes Kindlein aus der Taufe heben. Ich habe eine Freundin ins Herz geschlossen, die Euch unbekannt ist; da ist nun mein Begehr, daß Ihr nie in mich dringen wollt, Euch zu sagen, wer sie sei, von wannen sie kommt, noch wo sie hauset. Wann Ihr mir das bei Eurer ritterlichen Ehre verheißet und Eurer Zusage Genüge tut, will ich die Wette verloren haben und frei bekennen, daß der männliche Geist über die weibliche Schwachheit triumphiert.« Wackermann leistete seiner Hausfrau das Versprechen unweigerlich und sie erfreute sich des guten Erfolgs ihrer schlauen List innigst.

Wackermann ritt ganz wohlgemut zu seinen Nachbarn und Gefreunden, sie zur Gevatterschaft zu laden. Sie fanden sich insgesamt an dem bestimmten Tage ein, und da die Frau das Geräusch der Wagen, das Wiehern der Pferde und das Getümmel des Hofgesindes vernahm, berief sie eine vertraute Dirne zu sich und sprach: »Nimm diesen Bachkiesel, wirf ihn stillschweigend hinter dich in den Nixenbrunnen und spute dich auszurichten, was dir befohlen ist.« Die Dirne tat nach dem Befehl und ehe sie wieder zurückkam, trat eine unbekannte Dame in das

Gesellschaftszimmer, neigte sich züchtig gegen die anwesenden Herren und Frauen, und wie das Kindlein vorgetragen wurde und der Täufer zum Becken trat, nahm sie ihre Stelle unter den Paten obenan. Jedermann machte ihr ehrerbietig Platz als einer Fremden und sie hielt das Kind zuerst auf dem Arm über der Taufe. Aller Augen waren auf sie gerichtet. Sie war so schön, so sittsam und dabei so herrlich gekleidet in ein fliegendes Gewand von wasserblauer Seide und aufgeschlitzten Ärmeln, mit weißem Atlas unterlegt; über das war sie mit Juwelen und Perlenschmuck so reichlich behangen, wie die heilige Jungfrau zu Loretto an einem kirchlichen Galatage. Ein glänzender Saphir hielt den durchsichtigen Schleier, der in dünnen Wolken von dem Wirbel des künstlich geschlungenen Haares längs den Schultern bis an die Fersen herabschwebte; aber der Zipfel des Schleiers war naß, als sei er durchs Wasser gezogen.

Die unerwartete Erscheinung der fremden Dame hatte die sämtliche Mitgevatterschaft dergestalt in der Andacht gestört, daß sie vergaßen, dem Kinde einen Namen zu geben, darum taufte es der Priester Mathilde, nach dem Namen der Mutter. Nach vollbrachter Taufhandlung wurde die kleine Mathilde zu derselben zurückgebracht, und alle Paten folgten nach, Glück zu wünschen und dem Patchen den Waschpfennig einzubinden. Die Mutter schien bei dem Anblick der Unbekannten etwas betroffen, vermutlich aus Verwunderung, daß die Nixe so treulich Wort gehalten hatte. Sie warf einen verstohlenen Blick auf ihren Gemahl, der mit einem unausdeutbaren Lächeln antwortete und sich übrigens das Ansehen gab, als nehme er von der Fremden weiter keine Notiz. Das Patengeschenk gab jetzt der Empfängerin andere Beschäftigung, ein goldener Regen strömte aus freigebigen Händen auf den Täufling herab. Die Unbekannte nahte sich zuletzt mit ihrer Patensteuer und täuschte die Erwartung aller Mitgevattern. Sie vermuteten von der glanzreichen Dame ein Kleinod oder einen Denkpfennig von großem Wert, besonders da sie ein seidenes Taschentuch hervorzog und solches mit großer Bedächtlichkeit voneinander schlug; aber Frau Pate hatte nichts drein gewickelt als einen Bisamapfel aus Holz gedreht; sie legte diesen feierlich auf des Kindes Wiege, küßte die Mutter freundlich auf die Stirn und begab sich aus dem Zimmer.

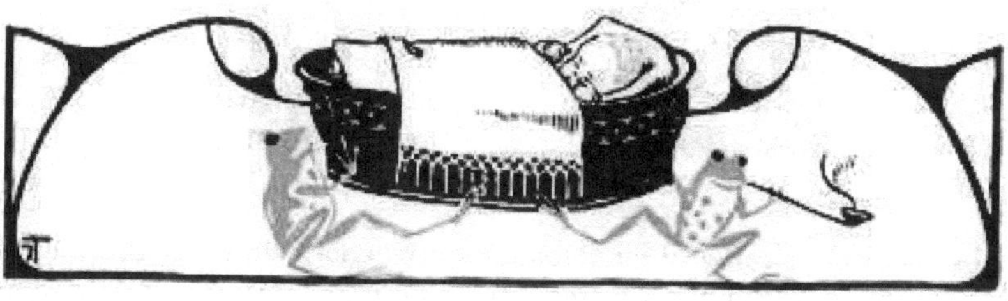

Über dieses armselige Geschenk entstand ein heimliches Flüstern unter den Anwesenden, das bald in ein spöttisches Gelächter ausbrach. Es fehlte nicht an mancherlei boshaften Anmerkungen; da aber der Ritter und seine Dame ein tiefes Stillschweigen beobachteten, so blieb den Forschern und Schwätzerinnen nichts übrig, als sich an leeren Mutmaßungen zu weiden. Die Unbekannte kam nicht wieder zum Vorschein, und niemand wußte zu sagen, wo sie hingeschwunden sei. Wackermann wurde insgeheim allerdings von dem Verlangen gequält zu erforschen, wer die Fremde gewesen sein möchte, die man, weil niemand ihren Namen wußte, die Dame mit dem nassen Schleier nannte; nur die Scheu, als ein mannlicher Ritter einer Schwachheit sich schuldig zu machen und die Unverbrüchlichkeit seines gegebenen Wortes banden ihm die Zunge. Er gedachte ihr das Geheimnis mit der Zeit dennoch abzulisten. Doch diesmal irrte er in der Rechnung; Frau Mathilde wußte ihre Zunge zu beschwichtigen und bewahrte das unauflösliche Rätsel so sorgfältig im Herzen, wie den Bisamapfel in ihrem Schatzkästlein.

Ehe das Fräulein dem Gängelbande entwuchs, wurde die Prophezeiung der Nymphe an der guten Mutter erfüllt; sie erkrankte plötzlich und starb, ohne Zeit zu haben, an den Bisamapfel zu gedenken oder damit nach Verfügung der Nixe zu gunsten der kleinen Mathilde zu verfahren. Ihr Gemahl war eben abwesend, auf dem Turnier zu Augsburg und zog, mit einem Ritterdank von Kaiser Friedrich gekrönt, wieder nach Hause. Wie der Zwerg auf dem Turm seinen Herrn in der Ferne sah angeritten kommen, stieß er nach Gewohnheit ins Horn, dem Hofgesinde dessen Ankunft kundzutun; aber er ließ nicht wie sonst einen freudigen Ton erschallen, sondern posaunte gar eine traurige Melodei. Das fuhr dem Ritter durchs Herz und bekümmerte seine Seele. »Was für ein Schall,« sprach er, »gellt mir ins Ohr? Hört ihr's, ihr Knappen, ist das nicht Krähenruf und Totensang? Kleinhänsel verkündet uns nichts Gutes.« Und die Knappen waren alle bestürzt, sahen ihren Herrn traurig an und einer unter ihnen nahm das Wort und sprach: »Das ist die Weise des Vogels Kreideweiß, Gott wende Unglück ab; 's ist eine Leiche im Hause!« Da spornte Wackermann seinen Hengst und ritt übers Blachfeld daher, daß die Funken stoben. Die Zugbrücke fiel, er sah gierig in den Schloßhof und erblickte leider das Leichenzeichen vor seiner Haustür ausgestellt, eine Laterne ohne Licht mit einem wehenden Flor geschmückt, und alle Fensterläden verschlossen. Dabei vernahm er von innen Schluchzen und Wehklagen des Gesindes, denn Frau Mathilde war eben aufgebahrt. Zu Häupten des Sarges saßen die beiden größern Töchter, in Boy und Flor gehüllt, und beweinten die erbleichte Mutter mit zahllosen Tränen. Am Fuße des Sarges saß die kleine Lieblingstochter; noch unvermögend, ihren Verlust zu empfinden, zerzupfte sie mit kindischer Gleichmütigkeit spielend die Überbleibsel der Blumen, womit die Leiche geschmückt war. Dieser wehmütige Anblick überwältigte Wackermanns männliche Standhaftigkeit, er weinte und jammerte laut, stürzte über den eiskalten Leichnam her, benetzte die bleichen Wangen mit seinen Tränen, drückte mit zitterndem Munde die erstorbenen Lippen und überließ sich ohne Scheu allen schmerzhaften Gefühlen seines Herzens. Hernach hing er seine Waffen in die Rüstkammer auf, saß bedeckt mit einem abgekrempten Hut und einem schwarzen Trauermantel beim Sarge, trug Leid um seine abgeschiedene Hausfrau und erwies ihr die letzte Ehre durch ein feierliches Totengepränge.

Weil jedoch nach der Bemerkung eines großen Mannes die heftigsten Schmerzen immer die kürzesten sind, so vergaß der tiefgebeugte Witwer bald seines Herzeleids und ersetzte darauf den erlittenen Verlust durch eine zweite Gemahlin, die ganz das Gegenbild der frommen, sittsamen Mathilde war. Das Hausregiment nahm folglich eine andere Gestalt an; die junge Frau liebte Pracht und Verschwendung, gebärdete sich stolz und gebieterisch gegen das Gesinde; des Schlemmens und Bankettierens war kein Ende. Die kleine Mathilde kam unter Aufsicht einer Amme und wurde in ein abgelegenes Stübchen versetzt, wo sie der eiteln Frau, die mit Familiensorgen sich nicht gern befaßte, weit genug aus den Augen war. Ihr verschwenderischer Aufwand mehrte sich also, daß der Ertrag des Faust- und Kolbenrechts, so unermüdet der Ritter solchem oblag, nicht mehr hinreichte, denselben zu bestreiten; sie sah sich oft genötigt, die Verlassenschaft ihrer Vorweserin zu plündern, die reichen Stoffe zu vermöbeln oder Geld darauf zu leihen. Einstmals durchsuchte sie Schubladen und Truhen, um etwas von Wert auszuwittern, da stieß sie auf ein geheimes Fach eines Putzschrankes und fand darin zu ihrer großen Freude Frau Mathildens Schatzkästlein. Die funkelnden Juwelen der Demantringe, Ohrenspangen, Armbänder, Schürzhaken und anderes Geschmeide entzückten ihr gieriges Auge. Sie musterte alles genau durch, besah's Stück für Stück und überschlug in ihren

Gedanken, welchen Gewinn dieser herrliche Fund einbringen würde. Unter diesen Kostbarkeiten fiel ihr auch der hölzerne Bisamapfel in die Augen. Sie wußte lange nicht, was sie daraus machen sollte, sie versuchte es, ihn aufzuschrauben; aber er war verquollen. Sie wog ihn in der Hand und befand ihn so leicht als eine taube Nuß; darum meinte sie, es sei irgend ein lediges Ringfutteral, und weil sie damit nichts anzufangen wußte, warf sie's als ein Ding ohne allen Wert aus dem Fenster.

Zufälligerweise saß die kleine Mathilde unten im Zwingergarten und spielte mit ihrer Puppe. Wie sie die hölzerne Kugel auf dem Sande daherrollen sah, warf sie die Puppe aus der Hand und griff mit kindischer Begierde nach dem neuen Spielzeug, hatte auch ebensoviel Freude über diesen Fund als Mama an dem ihrigen. Sie ergötzte sich viele Tage mit der Spielerei und ließ sie nicht aus der Hand. An einem schönen Sommertage lüstete der Amme, mit ihrer Pflegetochter der frischen Kühlung am Felsenbrunnen zu genießen. Um Vesperzeit forderte das Kind seine Honigsemmel, welche die Amme mitzunehmen vergessen hatte. Sie hatte noch nicht Lust zurückzukehren; um nun die Kleine bei Gutem zu erhalten, ging sie ins Gebüsch, ihr eine Handvoll Himbeeren zu pflücken. Das Kind spielte indes mit dem Bisamapfel, warf ihn hin und her wie einen Fangeball, bis ein Wurf mißlang und die kindische Freude in eigentlichem Verstande in den Brunnen fiel. Augenblicks stund eine junge Dame da, schön wie ein Engel und freundlich wie eine Grazie. Das Kind, bestürzt darüber, glaubte ihre Stiefmutter vor sich zu sehen, die sie immer schalt und schlug, wenn sie ihr unter die Augen kam. Die Nymphe aber liebkoste ihr mit sanften Worten: »Fürchte nichts, liebe Kleine, ich bin deine Pate, komm zu mir. Sieh, hier ist dein Spielzeug, das in den Brunnen fiel.« Dadurch lockte sie das Kind zu sich, nahm's auf den Schoß, drückte es zärtlich an den Busen, herzte und küßte die kleine Mathilde und benetzte ihr Angesicht mit Tränen. »Arme Verwaiste,« sprach sie, »ich hab's versprochen, Mutterstelle bei dir zu vertreten, ich will's auch halten. Besuche mich oft, du wirst mich stets an dieser Grotte finden, wenn du einen Stein in den Brunnen fallen lässest. Bewahre diesen Bisamapfel sorgfältig und spiele nicht wieder damit, daß du ihn nicht verlierst, er wird dir einst drei Wünsche gewähren. Wenn du heranwächst, will ich dir mehr sagen, jetzt kannst du's nicht fassen.« Sie gab ihr noch manche gute Vermahnung, die sich für des Kindes Alter schickte, und gebot ihr Stillschweigen; die Amme kam zurück und die Nymphe verschwand.

Die kleine Mathilde hatte so viel Besonnenheit, gegen die Amme nichts von Frau Paten zu erwähnen, forderte bei ihrer Zuhausekunft Nähnadel und Zwirn und vernähte damit sorgfältig den Bisamapfel in das Unterfutter des Kleides. Ihr Sinn und Gedanken stunden nur nach dem Nixenbrunnen; so oft es die Witterung erlaubte, schlug sie der Aufseherin einen Spaziergang dahin vor, und weil diese dem schmeichelhaften Mädchen nichts abschlagen konnte und diese Neigung ihr angeboren schien, indem die Grotte der Lieblingsaufenthalt der Mutter gewesen war, gewährte sie der Kleinen diesen Wunsch desto leichter. Da wußte diese nun immer einen Vorwand zu finden, die Amme wegzuschicken, und sobald sie den Rücken wendete, fiel der Stein ins Wasser und verschaffte dem klugen Mädchen die Gesellschaft ihrer liebreizenden Pate. Nach einigen Jahren blühte die kleine Waise zum jungfräulichen Alter heran; sie lebte unter dem Gesinde versteckt, saß auf ihrer Kammer, beschäftigte sich mit häuslicher Arbeit und fand nach vollendetem Tagewerke zur Abendzeit reichen Ersatz für die rauschenden Freuden, die sie entbehrte, in der Gesellschaft der Nymphe am Brunnen. Diese war nicht nur ihre Gesellschafterin und Freundin, sie war auch ihre Lehrmeisterin, unterrichtete das Fräulein in allen weiblichen Kunstfertigkeiten und bildete sie ganz nach dem Beispiel ihrer tugendhaften Mutter.

Eines Tages schien die Nymphe ihre Zärtlichkeit gegen die reizvolle Mathilde zu verdoppeln; sie schloß sie in die Arme, ließ das Haupt auf ihre Schultern sinken und war so wehmutsvoll und traurig, daß das Fräulein mit ihr einstimmte und sich nicht enthalten konnte, einige Tränen auf die Hand ihrer Pate fallen zu lassen, die sie eben schweigend an die Lippen drückte. Durch diese sanfte Mitempfindung wurde die Nymphe noch wehmütiger; »Kind,« sprach sie mit trauriger Stimme, »du weinst und weißt nicht warum; aber deine Tränen sind Vorgefühle deines Schicksals. Dem Hause auf dem Berge steht eine große Veränderung bevor; ehe der Schnitter die Sense dengelt und der Wind über die Stoppeln des Weizenfeldes weht, wird's öde und wüst stehen. Wenn die Schloßdirnen in der Abenddämmerung herausgehen, des Wassers aus meinem Brunnen zu schöpfen und mit ledigem Eimer zurückkehren, so gedenke, daß Unglück kommt. Wahre den Bisamapfel, der dir drei Wünsche gewähren wird, und gehe nicht verschwenderisch mit deinen Wünschen um! Gehab dich wohl, an dieser Stätte sehen wir uns nicht wieder.« Drauf lehrte sie dem Fräulein noch einige magische Eigenschaften des Apfels, um sich derselben im Notfall zu bedienen, weinte und schluchzte beim Hinscheiden, daß ihr die Worte versagten und ließ sich nicht mehr sehen.

Um die Zeit der Weizenernte kamen eines Abends die Wasserträgerinnen mit ledigen Krügen ins Schloß zurück, bleich und erschrocken, zitterten an allen Gliedern, als schüttle sie der Frost des Wechselfiebers, verkündeten, die weiße Frau sitze am Brunnen mit trauriger Gebärdung des Händeringens und Wehklagens, welches nichts Gutes bedeute. Des hatten die Kriegsleute und Waffenträger ihren Spott, meinten, es sei Täuschung und Weibergeschwätz. Einige trieb die Neugier hinaus, Grund und Ungrund der Sache zu erforschen; sie sahen dieselbe Erscheinung, faßten sich dennoch ein Herz und gingen zum Brunnen. Wie sie hinkamen, war das Gesicht verschwunden, und da gab's mancherlei Glossen und Auslegungen darüber; keiner riet jedoch auf die wahre Deutung, welche Fräulein Mathilde allein wußte, ob sie es gleich nicht laut werden ließ; denn die Nymphe hatte ihr Stillschweigen geboten. Sie saß einsam und trübsinnig auf ihrer Kammer unter Furcht und Erwartung der Dinge, die da kommen sollten.

Wackermann Uhlfinger konnte seiner verschwenderischen Hausfrau nicht satt rauben und plündern, und wenn er nicht auf Wegelagerung ausging, bereitete sie ihm tagtäglich ein Wohlleben, berief seine Zechbrüder zusammen, unterhielt ihn im Taumel der Lust und ließ ihn nie daraus wach werden, um den Verfall seines Hauswesens wahrzunehmen. Wenn's an Barschaft oder Lebensmitteln gebrach, so gaben Jakob Fuggers Lastwagen oder der Venediger reiche Speditionen immer neue Ausbeute. Dieser Plackereien müde, beschloß der Generalkongreß des Schwäbischen Bundes, weil Abmahnungen und Warnungen nichts fruchteten, Uhlfingers Untergang. Ehe er dachte, daß es so ernstlich gemeint sei, wehten die städtischen Bundesfahnen vor dem Tor seiner Bergfeste, und es blieb ihm nichts übrig, als der Entschluß, sein Leben teuer genug zu verkaufen. Die Bombarden und Donnerbüchsen erschütterten die Basteien und die Armbrustschützen taten auf beiden Seiten ihr Bestes; es hagelte Bolzen und Pfeile und einer davon, in einer unglücklichen Stunde abgedrückt, wo Wackermanns Schutzgeist von ihm gewichen war, fuhr durchs Visier seines Helms ihm tief ins Hirn, daß er alsbald im kalten Todesschlummer dahintaumelte. Durch den Fall des Bannerherrn geriet das Kriegsvolk in große Bestürzung; einige Feigherzige steckten die weiße Fahne aus, die Mutigen rissen sie wieder herab vom Turm. Daraus merkte der Feind, daß innerhalb der Burg Unordnung und Verwirrung herrsche; die Belagerer liefen Sturm, überstiegen die Mauern, gewannen das Tor, ließen die Zugbrücke herab und schlugen alles mit der Schärfe des Schwertes, was ihnen vorkam. Selbst die Unglücksstifterin, das verschwenderische Weib, wurde mit all ihren Kindern von dem wütigen Kriegsvolke erschlagen, das gegen den räuberischen Adel so erbittert war, als nachher die Aufrührer im schwäbischen Bauernkriege. Das Schloß wurde rein ausgeplündert, in Brand gesteckt und der Erde gleichgemacht.

Während des kriegerischen Tumults hielt sich Fräulein Mathilde im Dachstübchen ganz ruhig und hatte die Tür verschlossen. Als sie aber merkte, daß draußen alles bunt über ging und Schloß und Riegel ihr keine Sicherheit weiter geben würde, warf sie ihren Schleier über, drehte den Bisamapfel dreimal in der Hand und trat kühnlich heraus, nachdem sie das Sprüchlein ausgesprochen, welches ihr die Nixe gelehrt hatte:

Hinter mir Nacht, vor mir Tag,Daß mich niemand sehen mag;

und so wandelte sie unbemerkt mitten durch das feindliche Kriegsvolk aus der väterlichen Burg, wiewohl mit hochbetrübtem Herzen und ohne zu wissen, wohin sie ihren Weg nehmen sollte. Solange ihre zarten Füße ihr nicht den Dienst versagten, eilte sie, von dem Schauplatz des Greuels und der Verwüstung sich zu entfernen, bis sie, von Nacht und Müdigkeit befallen, unter einem wilden Birnbaum im freien Felde zu herbergen beschloß. Sie setzte sich auf den kühlen Rasen und ließ den Tränen freien Lauf.

Noch einmal schaute sie nach der Gegend um und wollte sie segnen, wo sie die Jahre der Kindheit verlebt hatte; wie sie die Augen aufhob, sah sie ein blutrotes Feuerzeichen am Himmel stehen, woraus sie urteilte, daß das Stammhaus ihrer Voreltern ein Raub der Flammen worden sei. Sie wendete ihre Augen von diesem grausenvollen Anblick weg und wünschte mit Sehnsucht, daß die funkelnden Sterne erbleichen und die Morgenröte aus Osten hervorschimmern möchte.

Ehe es noch tagte und der Morgentau auf dem Grase sich in kleine Tropfen sammelte, setzte sie die ungewisse Pilgerreise fort und gelangte bald in ein Dorf, wo sie von einer gutherzigen Bäuerin aufgenommen und mit einem Bissen Brot und einer Schale Milch erquickt wurde. Von dieser Frau tauschte sie bäuerische Kleider und gesellte sich zu einer Karawane Frachtführer, die sie gen Augsburg geleiteten. In diesem trübseligen, verlassenen Zustande blieb ihr keine Wahl, als sich für ein Dienstmädchen zu vermieten; weil's aber außer der Zeit war, konnte sie lange keine Herrschaft finden.

Graf Konrad von Schwabeck, ein deutscher Kreuzherr, auch Kastenvogt und Schirmherr des Bistums Augsburg, besaß daselbst einen Komterhof, wo er sich im Winter aufzuhalten pflegte. In seiner Abwesenheit wohnte eine Schließerin darin, Frau Gertrud genannt, die das Hauswesen regierte. Diese Frau war in der ganzen Stadt für eine Megäre ausgeschrien; kein Gesinde konnt's bei ihr aushalten, sie lärmte und tobte im Hause umher wie ein Poltergeist. Das Rasseln ihrer Schlüsseln fürchteten die Dirnen, wie die Kinder den Ruprecht; das kleinste Versehen oder auch nur ihre bösen Launen mußten Köpfe und Töpfe entgelten; kurz, wenn man ein böses Weib beschreiben wollte, so hieß es, sie sei so arg als Frau Trude im Komterhofe. Eines Tages hatte sie das Strafamt so gewaltsam ausgeübt, daß alles Gesinde entlief; da kam die sanfte Mathilde und bot ihre Dienste an. Um ihren edlen Wuchs zu verhehlen, hatte sie eine Schulter gepolstert, als sei sie verwachsen; ihr blondes, seidenes Haar verbarg ein breites Kopftuch; Angesicht und Hände hatte sie mit Ruß bestrichen, um eine zigeunermäßige Haut dadurch zu erkünsteln. Wie sie sich anmeldete und die Schelle an der Tür zog, steckte

Frau Gertrud den Kopf aus dem Fenster; da sie nun die seltsame Figur gewahr wurde, meinte sie, es sei eine Bettlerin und rief herab: »Hier ist kein Almosenamt, geht in die Fuggerei, dort spendet man Heller aus!« und schlug das Fenster hastig zu. Fräulein Mathilde ließ sich dadurch nicht abschrecken, sie schellte so lange, bis die Ausgeberin in der Absicht wieder zum Vorschein kam, diese Zudringlichkeit mit einer Lage Scheltworten zu erwidern. Ehe sie aber ihren zahnlosen Mund eröffnete, verständigte sie das Fräulein, was ihr Begehr sei. »Wer bist du,« fragte Gertrud, »und was kannst du?« Die verstellte Dirne antwortete:

»Ich bin eine Waise,Mathilde ich heiße,Kann plätten,Kann glätten,Kann nähen und spinnen,Auch stickenUnd stricken,Kann hacken und pochen,Auch braten und kochen,Bin kunstreicher HandUnd flink und gewandt.«

Als die Wirtschafterin dieses Sprüchlein hörte und vernahm, daß das nußbraune Mädchen so viel gute Talente besaß, tat sie die Tür auf, gab ihr den Mietgroschen und nahm sie in die Küche. Sie stand ihren Geschäften so treulich vor, daß Frau Gertrud ganz aus der Übung kam, Töpfe nach dem Ziel zu werfen. Ob sie gleich immer streng und mürrisch blieb, alles tadelte und besser wissen wollte, so hielt ihr doch das Dienstmädchen nie Widerpart und wehrte durch Sanftmut und Duldung den Ergießungen ihrer schwarzen Galle ab. Sie wurde leidlicher und besser als seit vielen Jahren, zum Beweis, daß fromm Gesinde auch gut Regiment, gut Wetter, fromme und getreue Oberherren macht.

Um die Zeit des ersten Schnees ließ die Hausmutter das ganze Haus fegen und reinigen, die Fenster waschen, Vorhänge aufziehen und alles zum Empfang ihres Herrn zubereiten, der, mit dem bunten Gefolge seiner Diener umgeben, nebst einem großen Schwall von Pferden und Jagdhunden zu Winters Anfang eintraf. Mathilde kümmerte sich wenig um die Ankunft des Kreuzherrn; ihre Küchenarbeit hatte sich so gemehrt, daß sie sich nicht Zeit nahm, nach ihm auszusehen. Zufälligerweise begegnete er ihr, indem sie eines Morgens Wasser schöpfte, auf dem Hofe. Sein glänzendes Auge, die heitere Miene, das Gepräge des Wohlbehagens und Überflusses, das wellenförmige, leicht gelockte Haar, das sich halb unter die beschattenden Straußfedern des männlich ins Gesicht gedrückten Hutes versteckte, der feste Gang und edle Anstand des Mannes gefielen ihr gar wohl. Zum erstenmal empfand sie jetzt den großen Abstand des Standes, in welchen ein unglücklich Verhängnis sie versetzt hatte von dem, in welchem sie geboren war, und diese Empfindung drückte sie mehr als der schwere Wassereimer. Sie ging tiefsinnig in die Küche zurück und versalzte zum erstenmal alle Brühen, welches ihr von der Wirtschafterin einen harten Verweis zuzog.

Graf Konrad schien bloß für das Vergnügen zu leben; er verabsäumte keine Lustbarkeit und kein Freudengelag' in der reichen Stadt, die der Verkehr mit den Venedigern üppig gemacht hatte. Bald gab es ein Ringelrennen, bald ein Stechen auf der Rennbahn, bald ein Ratswechsel oder sonst eine glänzende Feierlichkeit; auch fehlte es nicht an öffentlichen Reihentänzen auf dem Rathause oder auf dem Markte und durch alle Straßen, wo die Edelleute den Bürgerstöchtern goldene Fingerreife und seidene Tücher verehrten und gute Schwänke trieben. Als die Fastnachtsmummereien begannen, schien der Freudentaumel aufs höchste gestiegen zu sein. Fräulein Mathilde hatte an dem allen keinen Teil, saß in der rauchenden Küche und weinte schier die schmachtenden Augen wund, klagte über den Eigensinn des Glücks, das seine Günstlinge mit den Freuden des Lebens stromweise überschüttet und dem Unbegünstigten jeden frohen Augenblick abgeizet.

Sie hatte den Bisamapfel der Pate Nixe, der ihr drei Wünsche gewähren sollte, noch im Besitz. Nie hatte sie Verlangen getragen, ihn zu öffnen und sein inneres Talent zu erproben; jetzt kam ihr ein, den ersten Versuch damit zu machen. Die Augsburger hatten bei Prinz Maxens Geburt Kaiser Friedrichen zu Ehren ein herrlich Bankett angestellt, das drei Tage dauern sollte, zu welchem sie viel Prälaten, Grafen und Herren aus der Nachbarschaft eingeladen hatten. Dabei wurde jeden Tag um einen ausgesetzten Preis gestochen, und zur Abendzeit wurden die schönsten Jungfrauen zu Rathaus aufgeholt, um mit der edlen Ritterschaft zu tanzen, und das dauerte bis an den lichten Morgen. Ritter Konrad ermangelte nicht, diesem Feste beizuwohnen.

Mathilde hatte den Entschluß gefaßt, bei dieser Gelegenheit ein Abenteuer zu bestehen. Nachdem sie die Küche beschickt hatte und alles im Hause ruhig war, ging sie auf ihre Kammer, wusch mit feiner Seife die rußige Schminke von der Haut und ließ Lilien und Rosen darauf hervorblühen. Hernach nahm sie den Bisamapfel zur Hand und wünschte sich ein neues Kleid, so herrlich und prächtig es nur sein könnte, mit allem Zubehör. Sie öffnete den Deckel, da quoll hervor ein Stück seidenen Stoffs, das dehnte und breitete sich und rauschte wie ein Wasserstrom herab auf ihren Schoß; und als sie's recht besah, war's ein völliger Anzug mit allem dazugehörigen kleinen Putz, und das Kleid paßte ihr auf den Leib wie angegossen. Darüber empfand sie innige Herzensfreude, drehte den magischen Apfel dreimal in der Hand herum und sprach:

»Die Augen zu,Bleibt alle in Ruh'!«

Alsbald fiel ein tiefer Schlaf auf das gesamte Hausgesinde, von der wachsamen Wirtschafterin an bis auf den Türhüter. Husch war Fräulein Mathilde zur Tür hinaus, wandelte ungesehen durch die Straßen und trat mit dem Anstande einer Grazie in den Tanzsaal ein. Es wunderte sich männiglich über die Gestalt der holdseligen Jungfrau, und auf dem hohen Söller, der rings um den Saal lief, entstund ein flüsterndes Geräusch, wie wenn der Prediger auf der Kanzel Amen sagt. Einige bewunderten an der Unbekannten die Schönheit der Gestalt, andere den Geschmack der Kleidung, noch andere verlangten zu wissen, wer sie sei und von wannen sie käme, wiewohl kein Seitennachbar dem andern über diese Frage Auskunft geben konnte.

Unter den edlen Rittern und Herren, die sich herzudrängten, die fremde Jungfrau zu beäugeln, war der Kreuzherr nicht der letzte. Er nahte sich ihr und zog sie zum Tanze auf; sie bot ihm bescheiden die Hand und tanzte zur Bewunderung schön. Ihr leichter Fuß schien kaum die Erde zu berühren; die Bewegung des Körpers aber war so edel und ungezwungen, daß sie jedes Auge entzückte. Ritter Konrad kam ihr nicht mehr von der Seite und sagte ihr viel Schönes vor; es lag ihm sehr daran zu wissen, wer die Unbekannte sei und wo sie hause, um sie zu verfolgen. Doch hier war alles Forschen vergebens; sie wich allen Fragen aus, und mit vieler Mühe erhielt er nur von ihr die Zusage, den folgenden Tag nochmals den Tanz zu besuchen. Er gedachte sie zu überlisten, wenn sie allenfalls nicht Wort halten sollte, und stellte alle Bedienten auf die Lauer, ihre Wohnung auszukundschaften, denn er hielt sie für eine Augsburgerin; die Tanzgesellschaft aber meinte, sie gehörte zur Freundschaft des Grafen.

Der Morgen war schon angebrochen, ehe sie Gelegenheit fand, dem Ritter zu entwischen und den Tanzplatz zu verlassen. Sobald sie aus dem Saal trat, drehte sie den Bisamapfel dreimal in der Hand um und sagte dazu ihr Sprüchlein:

»Hinter mir Nacht, vor mir Tag,Daß mich niemand sehen mag;«

und so gelangte sie in ihre Kammer, ohne daß die Dämmerungsvögel des Grafen, die in allen Straßen auf- und abflatterten, sie wahrnahmen. Bei ihrer Zuhausekunft schloß sie das seidene Kleid in die Lade, zog wieder die schmutzigen Küchenkleider an und gab sich an ihr Geschäft, war früher auf als das übrige Gesinde, welches Frau Gertrude mit dem Bund Schlüssel aus den Betten klingelte, und erntete von der Wirtschafterin ein kleines Lob.

Noch nie war dem Ritter ein Tag so lang worden als der nach dem Ball; jede Stunde dünkte ihn ein Jahr. Um Vesperzeit rüstete er sich zum Ball, kleidete sich sorgfältiger als tags vorher, und die drei goldenen Ringe, das alte Abzeichen des Adels, funkelten diesmal mit Diamanten besetzt am Saume seiner Halskrause. Er war der erste auf dem Tummelplatze der Freude, musterte alle Kommenden mit dem Scharfblick des Adlerauges und harrte mit Ungeduld der Erscheinung seiner Ballkönigin entgegen. Der Abendstern war schon hoch am Horizont heraufgerückt, ehe das Fräulein Zeit gewann, auf ihre Kammer zu gehen. Sie wünschte sich ein anderes Kleid, von Rosaatlas nebst einem Juwelenschmuck, so schön und prächtig, als ihn die Königstöchter zu tragen pflegen. Der gutwillige Bisamapfel gab her, was in seinem Vermögen war, und der Anzug übertraf ihre eigene Erwartung. Sie machte wohlgemut ihre Toilette, und mit Hilfe des Talismans gelangte sie, von keinem sterblichen Auge bemerkt, dahin, wo sie so sehnlich erwartet wurde. Sie war schöner als tags vorher, und da sie der Kreuzherr erblickte, zog er sie wieder zum Tanze auf und alle Partien traten ab, das herrliche Paar walzen zu sehen.

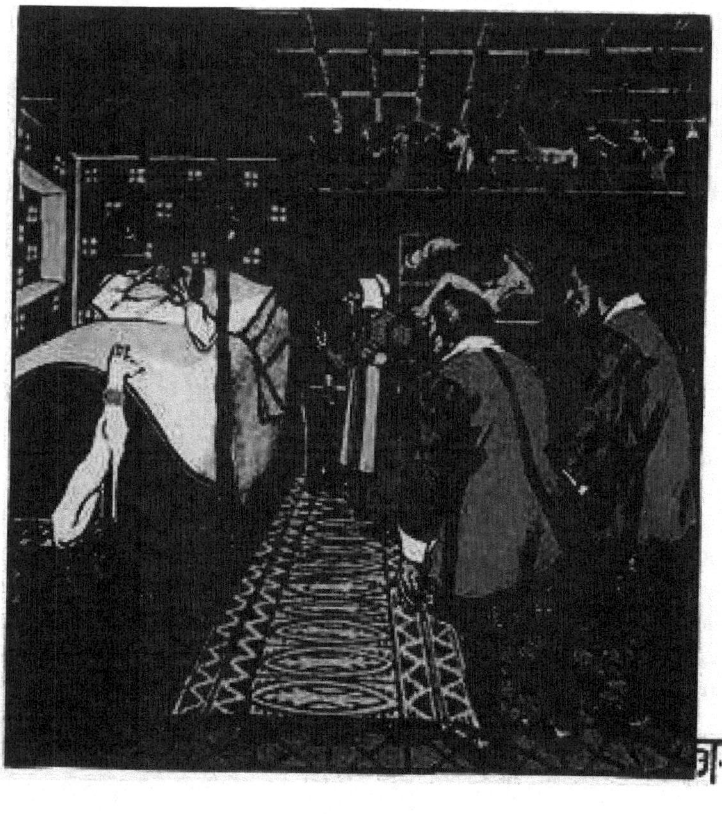

Nach vollendetem Tanze führte Graf Konrad die ermüdete Tänzerin unter dem Vorwand, Erfrischung zu suchen, in ein Seitengemach, sagte ihr in der Sprache eines feinen Hofmannes wie tags zuvor viel Schmeichelhaftes, wie ein Freier zu reden pflegt, der um eine Braut wirbt. Das Fräulein hörte mit verschämter Freude den Ritter an, dann redete sie gar züchtiglich also: »Was Ihr mir, edler Ritter, heute und gestern vorgesagt habt, gefällt meinem Herzen wohl; denn ich glaube nicht, daß Ihr mit trüglichen Worten zu mir redet. Aber wie kann ich Eure Gemahlin werden, da Ihr ein Kreuzherr seid und das Gelübde getan habt, ehelos zu bleiben Euer Leben lang?« Der Ritter antwortete ernsthaft und bieder: »Ihr redet als eine tugendliche und kluge Jungfrau, darum will ich auf Eure ehrliche Frage Euch jetzt Bescheid geben und Euren Zweifel lösen. Zur Zeit, als ich in den Kreuzorden aufgenommen wurde, war mein Bruder Wilhelm, der Stammerbe, noch am Leben; seit der aber erbleicht ist, habe ich Dispensation erlangt, als der Letzte meines Stammes ehelich zu werden und dem Orden zu entsagen, so mir's gefällt. Ich vertraue fest darauf, daß Ihr und keine andere vom Himmel mir zum ehelichen Gemahl beschieden seid. So Ihr mir nun Eure Hand nicht weigert, soll unser Bündnis nichts scheiden als der bittere Tod.« – »Bedenket Euch wohl,« versetzte Mathilde, »daß Euch nicht die Reue ankomme; vorgetan und nachbedacht, hat in die Welt viel Unheil bracht. Ich bin Euch fremd, Ihr wisset nicht, wes Standes und Würden ich sei, ob ich Euch an Geburt und Vermögen gleiche, oder ob ein erborgter Schimmer nur Eure Augen blendet. Einem Manne Eures Standes steht an, nichts leichtsinnig zu verheißen, aber auch seine Zusage nach Adelsbrauch unverbrüchlich zu erfüllen.« Ritter Konrad ergriff hastig ihre Hand, drückte sie fest ans Herz und sprach mit warmer Liebe: »Das verspreche ich bei Seel' und Seligkeit! Wenn Ihr,« fuhr er fort, »des geringsten Mannes Kind wäret, so will ich Euch ehrlich halten als mein Gemahl und Euch zu hohen Ehren bringen.« Drauf zog er einen Demantring von großem Werte vom Finger, gab ihr den zum Pfand der Treue an ihre Hand und sprach weiter: »Damit Ihr kein Mißtrauen in meine Zusage setzet, so lade ich Euch über drei Tage in mein Haus, wo ich meine Freunde des Prälaten- und Herrenstandes, auch andere ehrenfeste Männer bescheiden will, unserer Ehestiftung beizuwohnen.« Mathilde weigerte sich des aus allen Kräften, weil sie die Beharrlichkeit seiner Gesinnungen zuvor erst prüfen wollte. Er ließ sich gleichwohl nicht abwendig machen, ihre Einwilligung zu begehren, und sie sagte weder ja noch nein dazu. Wie tags zuvor, schied die Gesellschaft bei Anbruch der Morgenröte auseinander, Mathilde verschwand, und der Ritter, dem kein Schlaf in die Augen kam, berief in aller Frühe die wache Wirtschafterin und gab ihr Befehl zur Zurichtung eines prächtigen Gastmahls.

Wie Freund Hein, das Furchtgerippe mit der Sense, Paläste und Strohhütten durchwandert und alles, was ihm begegnet, unerbittlich mäht und würgt, so durchzog am Vorabend des Gastmahls Frau Gertrud, die unerbittliche Faust mit dem Schlachtmesser bewaffnet, Hühner- und Entenställe und trug als die Parze des Hausgeflügels Leben und Tod in ihrer Hand. Von ihrem blanken Würgestahl fielen die unbesorgten Bewohner bei Dutzenden, schlugen zum letztenmal ängstlich die Flügel, und Hühner und Tauben und dämische Kapaunen bluteten neben dem verbuhlten Puterhahn ihr Leben aus. Fräulein Mathilde bekam so viel zu rupfen, zu brühen und aufzuzäumen, daß sie die ganze Nacht den goldenen Schlaf entbehren mußte; doch achtete sie all der Mühe nicht, weil sie wußte, daß der Hochschmaus um ihrentwillen angerichtet wurde. Das Gastmahl begann, der fröhliche Wirt flog den Kommenden entgegen, und wenn der Türhüter schellte, wähnte er immer, die unbekannte Braut sei an der Tür; wurde sie aber geöffnet, so trat ein Prälat, eine feierliche Matrone oder ein ehrwürdig Amtsgesicht herein. Die Gäste waren lange beisammen und der Truchseß zögerte gleichwohl, die Speisen aufzutragen. Ritter Konrad harrte noch immer auf die schöne Braut; als sie aber zu lange weilte, winkte er dem Truchseß mit geheimem Verdruß, die Tafel zu beschicken. Man setzte sich und befand, daß ein Gedeck zu viel war; niemand aber konnte erraten, wer die Einladung des Gastgebotes verschmäht hatte. Von Augenblick zu Augenblick verminderte sich die Fröhlichkeit des Gastgebers sichtbar, es war nicht mehr in seiner Gewalt, den Trübsinn von seiner Stirn zu bannen, so sehr er sich auch angelegen sein ließ, durch erzwungene Heiterkeit die Gäste bei Laune zu erhalten. Sauerteig säuerte gar bald den Süßteig der geselligen Freude, drum ging es im Tafelgemache bald so still und ernsthaft her wie bei einem Leichenessen. Die Geigen, die abends zum Tanz aufspielen sollten, wurden fortgeschickt, und so endete diesmal das Fest im Komterhof ohne Sang und Klang.

Die mißmutigen Gäste verloren sich früher als gewöhnlich und den Ritter verlangte nach der Einsamkeit seines Gemachs. Er warf sich auf dem Bette unruhig hin und her und konnte mit seinen Sinnen nicht ausdenken, welche Deutung er der mißlungenen Hoffnung geben sollte. Der Morgen kam, ehe er ein Auge geschlossen hatte, die Diener traten herein, fanden ihren Herrn mit wilden Phantasien kämpfen, dem Anschein nach von einem heftigen Fieber befallen. Darüber geriet das ganze Haus in Bestürzung, die Ärzte rennten treppauf, treppnieder, schrieben ellenlange Rezepte, und in der Apotheke waren alle Mörser im Gange, als ob sie zur Frühmetten läuten sollten.

Sieben Tage lang hatte sich Graf Konrad so durch geheimen Kummer abgezehrt, daß die Rosen seiner Wangen dahinwelkten, das Feuer der Augen verlosch und Leben und Odem ihm nur noch zwischen den Lippen schwebte wie ein leichter Morgennebel im Tal, der auf den kleinsten Windstoß wartet, ihn ganz zu verwehen. Fräulein Mathilde hatte genaue Kundschaft von allem, was im Hause vorging. Es war nicht Eigensinn, daß sie die Einladung nicht angenommen hatte. Teils wollte sie die Standhaftigkeit des Ritters prüfen, teils fand sie Bedenken, dem Bisamapfel den letzten Wunsch abzunötigen; denn als Braut meinte sie, zieme ihr ein neuer Anzug, und Frau Pate hatte ihr empfohlen, mit ihren Wünschen rätlich umzugehen. Indessen war ihr am Tage des Gastmahls gar weh ums Herz, sie setzte sich in einen Winkel und weinte bitterlich. Die Krankheit des Ritters beunruhigte sie noch mehr, und wie sie die Gefahr vernahm, in welcher er sich befand, war sie untröstbar.

Der siebente Tag sollte nach dem Spruch der Ärzte Leben oder Tod entscheiden. Mathilde ging ihrer Gewohnheit nach bei frühem Morgen zur Wirtschafterin, mit ihr über den Küchenzettel Rat zu halten; aber Frau Gertrud war so außer der Fassung, daß sie sich auf die gemeinsten Dinge nicht besinnen, noch die Wahl der Speisen ordnen konnte; große Tränen wie die Tropfen einer Dachtraufe rollten über die ledernen Wangen: »Ach Mathilde!« schluchzte sie, »wir werden hier bald ausgewirtschaftet haben, unser guter Herr wird den Tag nicht überleben.« Das war eine gar traurige Botschaft! das Fräulein gedachte umzusinken vor Schrecken; doch faßte sie bald wieder Mut und sprach: »Verzaget nicht an dem Leben unsers Herrn, er wird nicht sterben, sondern gesund werden; ich habe heut' nacht einen guten Traum gehabt.« Die Alte war ein lebendiges Traumbuch, machte Jagd auf jeden Traum des Hausgesindes, und wo sie einen habhaft werden konnte, legte sie ihn immer so aus, daß die Erfüllung bei ihr stund; denn die anmutigsten Träume zielten bei ihr auf Hader, Zank und Scheltworte. »Sag an deinen Traum,« sprach sie, »daß ich ihn ausdeute.« »Mir war,« gegenredete Mathilde, »als sei ich noch daheim bei meinem Mütterlein; die nahm mich beiseits und lehrte mich das Süpplein von neunerlei Kräutern kochen; das hilft für alle Krankheit, so jemand nur drei Löffel davon genießt. ›Bereite dies deinem Herrn,‹ sprach sie, ›und er wird nicht sterben, sondern von Stund' an gesund werden.‹« Frau Gertrud verwunderte sich höchlich über diesen Traum, enthielt sich diesmals aller sinnbildlichen Deutung: »Dein Traum ist sonderbar,« sprach sie, »und nicht von ungefähr. Richte flugs dein Süpplein zu zum Frühstück, ich will sehen, ob ich's über unsern Herrn vermag, daß er davon genießt.« Ritter Konrad lag im stillen Hinbrüten, matt und kraftlos, schickte sich zu seiner Heimfahrt und begehrte, das Sakrament der letzten Ölung zu empfahen; da trat Frau Gertrud zu ihm hin, riß ihn durch ihre geläufige Zunge aus der Betrachtung der vier letzten Dinge und quälte ihn mit gutgemeinter Geschwätzigkeit dermaßen, daß er, um ihrer los zu werden, verhieß, was sie begehrte. Indessen bereitete Mathilde eine herrliche Kraftbrühe, tat darein allerlei Küchenkräuter und köstliche Würze, und als sie anrichtete, legte sie den Demantring, welchen ihr der Ritter zum Pfande der Treue gegeben hatte, in die Schale und hieß den Diener auftragen.

Der Kranke fürchtete die laute Beredsamkeit der Wirtschafterin, die ihm noch in den Ohren gellte, so sehr, daß er sich zwang, einen Löffel Suppe zu nehmen. Als er zu Boden fuhr, bemerkte er einen Körper, den er herausfischte und zu seinem Erstaunen den Demantring fand. Sogleich glänzte sein Auge wieder voll Leben und Jugendfeuer und er leerte mit sichtbarer Eßlust die ganze Schale aus, zu großer Freude der Frau Gertrud und des aufwartenden Gesindes. Alle schrieben der Suppe die außerordentliche Heilkraft zu, den Ring hatte der Ritter keinen der Umstehenden bemerken lassen. Drauf wendete er sich zu Frau Gertrud und sprach: »Wer hat diese Kost zugerichtet, die mir wohltut, meine Kräfte belebt und mich wieder ins Leben ruft?« Die sorgsame Alte wünschte, daß der auflebende Kranke sich jetzt ruhig halten und nicht zu viel sprechen möchte, darum sprach sie: »Laßt Euch nicht kümmern, gestrenger Junker, wer das Süpplein zugerichtet hat; wohl Euch und uns, daß es die heilsame Wirkung hervorgebracht hat, die wir davon hofften.« Durch diese Antwort geschah aber dem Ritter kein Genügen; er bestund mit Ernst auf der Beantwortung seiner Frage, auf welche die Ausgeberin diesen Bescheid gab: »Es dienet eine junge Dirne in der Küche, genannt die Zigeunerin, aller Kräfte der Kräuter und Pflanzen kundig, die hat das Süpplein zugerichtet, das Euch so wohl tut.« – »Führt sie alsbald zu mir,« sagte der Ritter, »daß ich ihr danke für diese Panazee des Lebens.« – »Verzeihet,« erwiderte die Haushälterin, »ihr Anblick würde Euch Unlust machen; sie gleicht an Gestalt einer Schleiereule, hat einen Höcker auf dem Rücken, ist mit schmutzigen Kleidern angetan und ihr Angesicht und Hände sind mit Ruß und Asche bedeckt.« – »Tut nach meinem Befehl,« beschloß der Graf, »und zögert keinen Augenblick.« Frau Gertrud gehorchte, berief eilig Mathilden aus der Küche zu sich, warf ihr ein Regentuch über, das sie zu tragen pflegte, wenn sie zur Messe ging und führte sie in diesem Aufputz in das Krankenzimmer ein. Der Ritter begehrte, daß sich jedermann entfernen sollte, und als er die Tür hatte heißen zutun, sprach er: »Mägdlein, bekenne mir frei, wie bist du zu dem Ringe gelangt, den ich gefunden habe in der Schale, darein du mir das Frühstück zugerichtet hast?« – »Edler Ritter,« antwortete das Fräulein züchtig und sittsam, »den Ring habe ich von Euch; Ihr begabtet mich damit am zweiten Abend des Freudenreihens; sehet nun zu, ob meine Gestalt und Herkunft verdient, daß Ihr Euch so abgehärmt habt, als wolltet Ihr ins Grab sinken. Euer Zustand jammerte mich, darum habe ich nicht länger verweilt, Euch aus dem Irrtum zu ziehen.«

Einer solchen Überraschung hatte sich Graf Konrad nicht versehen; er war bestürzt und schwieg einige Augenblicke. Aber die Gestalt der schönen Tänzerin schwebte ihm bald wieder vor und er verfiel auf den Gedanken, daß man ihn durch einen frommen Betrug von seiner Absicht heilen wollte; doch der wahre Ring, den er zurückempfangen hatte, ließ vermuten, daß die Unbekannte auf irgend eine Weise mit im Spiel sein müßte; also legte er's darauf an, die Dirne auszuforschen und in der Rede zu fangen. »Seid Ihr die holde Jungfrau,« sprach er, »welcher ich meine Hand gelobet habe, so zweifelt nicht, daß ich meine Zusage treulich erfüllen werde; aber hütet Euch, mich zu betrügen. Könnet Ihr die Gestalt wieder annehmen, die Ihr mir vorloget zwei Nächte hintereinander auf dem Tanzplatz, könnet Ihr Euern Leib schlank und eben machen wie eine junge Tanne, könnet Ihr die schabige Haut abstreifen wie die Schlange und Eure Farbe wechseln wie das Chamäleon, so soll das Wort, welches ich aussprach, als ich diesen Ring von mir gab, Ja und Amen sein. Könnet Ihr aber diesen Bedingungen nicht Genüge leisten, so will ich Euch als eine Betrügerin strafen lassen, bis Ihr mir saget, wie Euch dieser Ring ist zuhanden kommen.«

Hierauf schellte der Kreuzherr der Wirtschafterin und erteilte ihr den Befehl: »Geleitet dieses Mädchen auf ihre Kammer, daß sie sich reinlich kleide, harret an der Tür, bis sie heraustritt; ich erwarte euer im Sprachgemach.« Frau Gertrud nahm ihre Gefangene in genaue Aufsicht, ohne eigentlich zu wissen, wohin der Befehl ihres Herrn gemeint sei. Im Hinaufsteigen fragte sie: »Hast du Kleider, dich zu schmücken, warum hast du mir's verschwiegen? Gebricht dir's aber daran, so folge mir auf meine Kammer, ich will dir leihen, soviel du bedarfst.« Hierauf beschrieb sie ihre altmodische Garderobe, worin sie vor einem halben Jahrhundert Eroberungen gemacht hatte, Stück bei Stück mit froher Zurückerinnerung an die vormaligen Zeiten. Mathilde hatte darauf wenig acht, begehrte nur ein Stücklein Seife und eine Handvoll Weizenkleien, nahm ein Waschbecken voll Wasser, ging auf ihre Kammer und tat die Tür hinter sich zu; Frau Gertrud aber bewachte solche von außen mit großer Sorgfalt, wie ihr befohlen war. Der Kreuzherr, voller Erwartung, welchen Ausgang das Abenteuer seiner Liebe nehmen werde, verließ sein Lager, kleidete sich aufs zierlichste und begab sich in sein Prunkgemach, mußte sich lange gedulden, ehe er aus der Ungewißheit gezogen wurde, und wandelte mit geschwinden Schritten unruhig auf und ab. Doch als der welsche Zeiger am Augsburger Rathaus in der Mittagsstunde auf achtzehn Uhr wies, flogen urplötzlich die Flügeltüren auf, es rauschte durchs Vorgemach der Schweif eines seidenen Gewandes, Mathilde trat herein mit Anstand und Würde und geschmückt wie sie auf dem Feste erschienen war. »Ihr sehet mich hier,« sprach sie, »in meiner wahren Gestalt. Ich bin Wackermann Uhlfingers, des ehrenfesten Ritters, Tochter, dessen unglückliches Geschick Euch sonder Zweifel nicht verborgen ist, bin kümmerlich dem Einsturz des väterlichen Hauses entronnen und habe in Eurer Wohnung, wiewohl in armseliger Gestalt, Schutz und Sicherheit gefunden.« Hierauf erzählte sie ihm ihre Geschichte und verschwieg ihm auch die Heimlichkeit mit dem Bisamapfel nicht. Graf Konrad war hocherfreut und dachte nicht mehr daran, daß er zum Sterben krank gewesen war; er lud auf den folgenden Tag alle die Gäste wieder, die zuvor sein Trübsinn so früh auseinandergescheucht hatte, hielt öffentliche Verlobung mit seiner Braut, und als der Truchseß aufgetragen hatte und nun herumzählte, fand er, daß kein Gedeck zu viel war. Drauf trat der Ritter aus dem Orden, verließ den Komterhof und vollzog die Hochzeit mit großer Pracht. Bei dieser merkwürdigen Hausveränderung bewies sich die geschäftige Martha, Frau Gertrud, ganz untätig; als sie Fräulein Mathildens Kammertür bewachte und bei Eröffnung derselben eine stattlich gekleidete Dame zum Vorschein kam, war ihr Erstaunen so groß, daß sie rücklings vom Sessel fiel, einen Schenkel ausrenkte und lendenlahm blieb ihr Leben lang.

Die Neuvermählten verlebten das erste Jahr zu Augsburg. Eines Tages, als sie in frohen Gesprächen am offenen Fenster saßen, sagte die junge Gräfin: »Mein herzgeliebter Herr, mir ist nun kein Wunsch mehr übrig, ich erlasse meinem Bisamapfel die Erfüllung des dritten Wunsches mit Freuden. Habt Ihr aber irgend ein verborgenes Anliegen in Eurem Herzen, so tut mir's kund, ich will es zu dem meinigen machen und zur Stunde soll es Euch gewährt sein.« Graf Konrad schloß sein trautes Weib in die Arme und beteuerte ihr hoch, daß außer der Fortdauer seines Glückes für ihn nichts wünschenswerter auf Erden sei. Also verlor der Bisamapfel in den Augen seiner Besitzerin allen Wert und sie behielt ihn nur zum dankbaren Andenken der Pate Nixe.

Graf Konrad hatte noch eine Mutter am Leben, die auf ihrem Wittum zu Schwabeck wohnte. Ihr in Kindesliebe die Hand zu küssen, trug die fromme Schwiegertochter groß Verlangen; doch der Graf lehnte immer die Wallfahrt zur Mutter unter scheinbarem Vorwand ab und brachte dagegen eine Lustreise auf ein ihm unlängst heimgefallenes Lehen in Vorschlag, unfern von Wackermanns zerstörter Burg gelegen; Mathilde willigte gern darein, um die Gegend wieder zu besuchen, wo sie ihre erste Jugend verlebt hatte. Sie besuchte die Trümmer der väterlichen Wohnung, beweinte die Asche ihrer Eltern, ging zum Nixenbrunnen und hoffte, daß ihre Gegenwart die Nymphe einladen würde, sich ihr zu versichtbaren. Mancher Stein fiel in den Brunnen ohne die gehoffte Wirkung, selbst der Bisamapfel schwamm als eine leichte Wasserblase obenauf, und sie mußte sich die Mühe nehmen, ihn selbst wieder herauszufischen. Die Nymphe kam nicht mehr zum Vorschein. Heimgekehrt, bekam Frau Mathilde einen Sohn, schön wie ein Götterknabe, und die Freude der Eltern war so groß, daß sie ihn schier aus heißer Liebe erdrückten; die Mutter ließ ihn nicht aus ihren Armen und spähte jeden Atemzug des kleinen unschuldigen Engels, obgleich der Graf eine weise Amme gedungen hatte, die des Kindleins pflegen sollte. Aber in der dritten Nacht, da alles im Schloß vom Taumel eines Freudenfestes in tiefem Schlaf begraben lag, wandelte die Mutter auch ein sanfter Schlummer an, und als sie erwachte, war das Kind aus ihren Armen weg! Bestürzt rief die erschrockene Gräfin: »Amme, wo habt Ihr mein Kindlein hingelegt?« Die Amme antwortete: »Edle Frau, das zarte Herrlein ist in Euren Armen.« Bett und Zimmer wurden ängstlich durchsucht, aber nichts gefunden außer einigen Blutströpflein auf dem Fußboden des Gemachs. Wie das die Amme inne ward, erhob sie groß Geschrei: »Ach, daß es Gott und alle Heiligen erbarme! Der Werwolf ist dagewesen und hat das Kindlein davongetragen.« Die Gräfin grämte sich über den Verlust des holden Knaben bleich und mager und der Vater war untröstbar. Obgleich der Werwolfsglaube in seinem Herzen kein Senfkorn aufwog, so ließ er sich doch von dem Geschwätz, da er sich die Sache auf keine Weise zu erklären wußte, übertäuben, tröstete seine trostlose Gemahlin, die aus Gefälligkeit für ihn, der alle Traurigkeit haßte, sich zwang, eine heitere Miene anzunehmen.

Die Schmerzenstilgerin, die wohltätige Zeit, heilte endlich die mütterliche Herzwunde, als der Verlust durch einen zweiten Sohn ersetzt wurde. Grenzenlos war die Freude über den schönen Stammerben im gräflichen Palast, der Graf bankettierte frohen Muts mit seinen Nachbarn eine Tagereise ringsumher, der Freudenbecher ging ohne Unterlaß aus Hand in Hand, von Wirt und Gästen bis zum Türhüter herum, auf die Gesundheit des Neugebornen. Die besorgte Mutter ließ das Kindlein nicht von sich, erwehrte sich des süßen Schlafes, solange es ihre Kräfte erlaubten; da sie aber endlich den Forderungen der Natur nachgeben mußte, nahm sie die goldene Kette vom Hals, umschlang damit des Knäbleins Leib und befestigte das andere Ende davon an ihrem Arm, segnete sich und das Kind mit dem heiligen Kreuz, auf daß der Werwolf keine Macht noch Gewalt daran finden möchte, und bald darauf überfiel sie ein unwiderstehlicher Schlaf. Als sie der erste Morgenstrahl erweckte, o Jammer! da war der süße Knabe aus ihren Armen verschwunden. Im ersten Schrecken rief sie wie vormals: »Amme, wo habt Ihr mein Kindlein hingelegt?« und die Amme antwortete wiederum: »Edle Frau, das zarte Herrlein ist in Euren Armen.« Alsbald sah sie nach dem goldnen Kettlein, das sie um den Arm geschlungen hatte, befand, daß ein Gelenk mit einer scharfen stählernen Schere mitten entzweigeschnitten war, und sank in Ohnmacht vor Entsetzen hin. Die Amme machte Lärm im Hause, das Gesinde eilte voller Bestürzung herbei, und da Graf Konrad hörte, was sich zugetragen hatte, entbrannte sein Herz von Wut und Eifer, er zückte sein ritterliches Schwert, Sinnes, der Amme das Haupt zu spalten.

»Verruchtes Weib!« donnerte er mit furchtbarer Stimme, »gab ich dir nicht geheimen Befehl, wach zu bleiben die ganze Nacht und kein Auge von dem Knaben zu verwenden, damit, wenn das Ungetüm käme, ihn der schlafenden Mutter wegzurauben, du durch dein Geschrei das Haus rege machtest, damit wir den Werwolf vertrieben? Schlaf nun, du Schläferin, den langen Todesschlaf!« Das Weib fiel auf die Kniee vor ihm nieder. »Gestrenger Herr,« sprach sie, »bei Gottes Barmherzigkeit beschwöre ich Euch, erwürget mich augenblicks, damit ich die Schandtat mit ins Grab nehme, die meine Augen gesehen haben und die mir weder Geheiß noch Lohn abdringen soll, wofern sie nicht die Folter herauspreßt.« Der Graf staunte; »welche Schandtat,« fragte er, »hast du mit Augen gesehen, die so schwarz ist, daß deine Zunge sich weigert, sie auszureden? Lieber bekenne mir ohne Folter, was dir kund worden ist, als eine treue Magd.« »Herr,« erseufzte die Dirne, »was treibt Euch, Euer Unglück zu erfahren? Besser ist's, daß das schreckliche Geheimnis zugleich mit meinem Leichnam verscharret werde in das kühle Grab.« Durch diese Rede wurde Graf Konrad nur noch begieriger, das Geheimnis zu erfahren; er nahm das Weib beiseits in sein heimliches Zimmer, und durch Drohungen und Verheißungen bewogen, eröffnete sie ihm, was er zu wissen gern wäre überhoben gewesen. »Eure Gemahlin,« sprach sie, »sollt Ihr wissen, Herr, ist eine schändliche Zauberin; aber sie liebt Euch unermeßlich und ihre Liebe geht so weit, daß sie auch ihres eignen Kindes nicht verschonet, um daraus ein Mittel zu bereiten, ihre Schönheit unwandelbar zu erhalten. In der Nacht, als alles in großer Sicherheit schlief, stellte sie sich, als sei sie eingeschlummert, ich tat das Nämliche, weiß nicht warum. Bald darauf rief sie mich beim Namen; aber ich achtete nicht darauf und fing an zu röcheln und zu schnarchen. Da sie nun vermeinte, ich sei fest eingeschlafen, saß sie rasch im Bette auf, nahm das Kindlein, drückte es an den Busen, küßte es inniglich und lispelte dazu diese Worte, die ich deutlich vernahm: ›Sohn der Liebe, werde ein Mittel, mir deines Vaters Liebe zu erhalten, gehe jetzt zu deinem Brüderlein, du kleine Unschuld, daß ich aus neunerlei Kräutern und deinen Knöchlein einen kräftigen Trank bereite, der meine Schönheit mir bewahre.‹ Als sie das gesagt hatte, zog sie eine Demantnadel, scharf wie ein Dolch, aus den Haaren, stieß solche dem Kindlein flugs durchs Herz, ließ es ein wenig ausbluten, und da es nicht mehr zappelte, legte sie's vor sich hin, nahm den Bisamapfel, murmelte dazu einige Worte, und da sie den Deckel abhob, loderte daraus empor eine lichte Feuerflamme, wie aus einer Pechtonne, welche den Leichnam in wenig Augenblicken verzehrte. Die Asche und Knöchlein sammelte sie sorgfältig in eine Schachtel und schob sie unter die Bettlade. Drauf rief sie mit ängstlicher Stimme, als führe sie plötzlich aus dem Schlafe auf: ›Amme, wo habt Ihr mein Kindlein hingelegt?‹ Und ich antwortete mit Furcht und Grausen, ihre Zauberei fürchtend: ›Edle Frau, das zarte Herrlein ist in Euren Armen.‹ Darüber fing sie an, sich ganz trostlos zu gebärden und ich lief aus dem Zimmer unter dem Schein, Hilfe zu rufen. Sehet, gestrenger Herr, das ist der Verlauf der schändlichen Tat, die Euch zu offenbaren Ihr mich gedrungen habt. Bin erbötig, die Wahrheit meiner Aussage durch einen glühenden Stab Eisen zu erhärten, den ich mit bloßen Händen tragen will dreimal den Schloßhof auf und nieder.«

Ritter Konrad stund wie versteint, konnte lange Zeit kein Wort vorbringen. Nachdem er sich wieder gesammelt hatte, sprach er: »Was bedarf's der Feuerprobe, Euren Worten ist der Stempel der Wahrheit aufgedrückt, ich fühl's und glaub's, daß alles so ist, wie Ihr saget. Behaltet das gräßliche Geheimnis in Eurem Herzen fest verschlossen und vertrauet es keinem Menschen, auch nicht, wenn ihr beichtet; ich will Euch einen Ablaßbrief vom Bischof von Augsburg lösen, daß Euch diese Sünde nicht soll zugerechnet werden, weder in dieser noch in jener Welt. Jetzt will ich mit verstelltem Angesicht zu der Natter hineintreten, da habt wohl acht, daß Ihr, wenn ich sie umarme und ihr Trost einspreche, die Schachtel mit den Totengebeinen unter der Bettlade hervorziehet und unbemerkt mir solche überantwortet.«

Mit leicht umwölkter Stirn und dem Blick eines gerührten, aber noch standhaften Mannes, trat er in das Gemach seiner Gemahlin, die ihren Herrn mit schuldlosem Auge, wiewohl mit hochbetrübter Seele, schweigend empfing. Ihr Angesicht glich eines Engels Angesichte und dieser Anblick löschte Wut und Grimm, davon sein Herz entbrannt war, plötzlich aus. Den Geist der Rache milderte Mitleid und Bedauernis, er drückte die unglückliche Frau an sich und sie überströmte sein Gewand mit wehmutsvollen Tränen. Er tröstete sie, koste freundlich mit ihr und sputete sich, den Schauplatz des Grausens und Entsetzens bald wieder zu verlassen. Die Amme hatte indes ausgerichtet, was ihr befohlen war, und überlieferte dem Grafen insgeheim das schauderhafte Knochenbehältnis. Es kostete einen schweren Kampf in seinem Herzen, ehe er einen Entschluß faßte, was er mit der vermeinten Zauberin tun sollte. Endlich wurde er Rats, ohne Spuk und Aufsehen sich ihrer zu entledigen. Er saß auf und ritt gen Augsburg, vorher aber tat er dem Hausmeister Befehl: »Wenn die Gräfin nach neun Tagen hervorgehet aus ihrem Gemach, um nach Gewohnheit zu baden, so lasset die Badestube wohl heizen und verriegelt auswendig die Tür, daß sie im Bade verschmachte vor großer Hitze und nicht bei Leben bleibe.« Der Hausmeister vernahm diesen

Befehl mit großer Betrübnis und Wehmut, denn alles Hausgesinde liebte die Gräfin Mathilde als eine sanfte und gutmütige Gebieterin; doch wagte er nicht gegen den Ritter den Mund aufzutun, weil er dessen großen Ernst und Eifer wahrnahm. Am neunten Tage befahl Mathilde, das Bad zu heizen. Als sie in das Gemach hineintrat, zitterte die Luft um sie her vor großer Hitze; sie wollte zurücktreten, aber ein starker Arm stieß sie mit Gewalt in die Badestube hinab und sogleich wurde auch die Tür von außen verriegelt und verschlossen. Sie rief vergebens um Hilfe; niemand hörte, das Feuer wurde nur heftiger angeschürt, daß der Ofen hochrot glühte wie ein Töpferofen.

Aus diesen Umständen erriet die Gräfin leicht, was hier vorgehe, sie ergab sich darein zu sterben, nur der schändliche Verdacht, den sie ahnte, marterte ihre Seele mehr als der schmähliche Tod. Sie nützte die letzten Augenblicke der Besinnung, zog eine silberne Nadel aus den Haaren und schrieb damit an die weiße Wand des Gemachs diese Worte: »Gehab dich wohl, Konrad, ich sterbe auf deinen Befehl willig, aber schuldlos.« Drauf warf sie sich auf ein

Ruhebettlein nieder, ihren Todeskampf zu beginnen. Aber unwillkürlich strebt die Natur, zu der Zeit, wenn das böse Stündlein kommt, ihrer Zerstörung vorzubeugen. In dem Angstgefühl der erstickenden Hitze warf sich die unglückliche Sterbende hin und her, da entfiel ihr der Bisamapfel, den sie stets bei sich trug, zur Erde. Augenblicklich ergriff sie ihn und rief: »O Pate Nixe, steht es in deiner Macht, so befreie mich von einem schandbaren Tode und rette meine Unschuld!« Sie schrob hastig den Deckel auf, da stieg aus dem Bisamapfel hervor ein dichter Nebel, der sich über das ganze Gemach ausbreitete und der Gräfin angenehme Kühlung gewährte, daß sie keine Angst und Hitze mehr empfand. Die Dunstwolke sammelte sich in eine Gestalt, und Mathilde, die jetzt nicht mehr zu sterben gedachte, erblickte mit unaussprechlicher Wonne die liebevolle Nymphe vor sich, in ihrem Arm den zarten Säugling mit einem Westerhemdlein angetan, und an der Hand das ältere Herrlein, im weißen Flügelkleide mit rosenfarbenen Bandschleifen.

»Willkommen, geliebte Mathilde!« redete die Nymphe sie an. »Wohl dir, daß du den dritten Wunsch, den dir der Bisamapfel gewähren sollte, nicht so leichtsinnig wie die beiden ersten verschwendet hast! Hier sind die zwei lebendigen Zeugen deiner Unschuld, welche dich über die schwarze Verleumdung, unter welcher du schier erlagtest, werden triumphieren lassen. Der Unstern deines Lebens hat sich zum Untergange geneigt, hinfort wird dir der Bisamapfel keinen Wunsch mehr gewähren, denn von nun an bleibt dir nichts mehr zu wünschen übrig. Aber das Rätsel deines traurigen Geschicks will ich dir lösen. Wisse, daß die Mutter deines Gemahls die Stifterin alles Unglücks ist. Dieser stolzen Frau war die Vermählung ihres Sohnes ein Dolchstich ins Herz; sie wußte nicht anders, als Graf Konrad habe den Adel seines Hauses durch eine niedrige Ehe geschändet; sie stieß Fluch und Verwünschung gegen ihn aus und erkannte ihn nicht mehr für ihren Sohn. All ihr Sinnen und Dichten war darauf gestellt, dich zu verderben, wiewohl die Wachsamkeit deines Gemahls diesem boshaften Vornehmen immer gesteuert hat. Dennoch ist es ihr gelungen, auch diese durch eine gleisnerische Amme zu hintergehen. Durch große Verheißung hat sie dies Weib dahin vermocht, deinen erstgebornen Sohn im Schlafe dir aus den Armen zu reißen und ihn wie ein Hündlein ins Wasser zu werfen. Glücklicherweise wählte sie den Brunnen meiner Felsenquelle zu dieser Schandtat, ich empfing den Knaben mit liebevollen Armen und pflegte sein als eine Mutter. Ebenso vertraute sie mir auch den zweiten Sohn meiner geliebten Mathilde. Diese trugvolle Amme wurde deine Anklägerin, sie überredete den Grafen, du seist eine Zauberin; eine Flamme aus dem Bisamapfel, dessen Geheimnis du sorgsamer hättest bewahren sollen, habe die Knaben verzehrt, um aus ihrer Asche einen Zaubertrank zu bereiten. Sie schob deinem Gemahl ein Gefäß, mit Tauben- und Hühnerknochen gefüllt, in die Hand, die er für die Überbleibsel seiner Kinder erkannte und Befehl gab, dich in seiner Abwesenheit im Bade zu ersticken. Voll Reue und Verlangen, diesen grausamen Befehl womöglich noch zurückzunehmen, eilt er jetzt von Augsburg her, ob er dich gleich noch für schuldig hält. In wenig Stunden wirst du gerechtfertigt sein.« Nachdem die Nymphe ausgeredet hatte, bog sie sich über das Angesicht der Gräfin, küßte sie auf die Stirn, und ohne eine Antwort zu erwarten, hüllte sie sich in ihren dichten Dunstschleier und verschwand.

Die Diener des Grafen waren indessen geschäftig, das erloschene Feuer wieder anzufachen. Es dünkte sie immer, als hörten sie inwendig Menschenstimmen, woraus sie urteilten, daß die Gräfin noch am Leben sei. Aber all ihre Mühe und Gebläse war vergebens, das Holz fing so wenig Feuer, als wenn der Ofen mit Schneeballen wäre geheizt worden. Bald darauf kam Graf Konrad angeritten und frug ängstlich, wie es um seine Gemahlin stehe. Die Diener erstatteten Bericht, wie sie das Bad wohl gehitzt hätten, daß aber das Feuer plötzlich erloschen sei und aller Vermutung nach die Gräfin noch lebe. Das erfreute sein Herz gar höchlich, er trat an die Tür und rief durchs Schlüsselloch: »Lebst du, Mathilde?« Und die Gräfin vernahm die Stimme ihres Gemahls und antwortete: »Geliebter Herr, ich lebe und meine Kindlein leben!« Entzückt von dieser Rede ließ der ungeduldige Graf, da die Schlüssel nicht gleich bei Handen waren, die Tür einschlagen, stürzte ins Badegemach zu den Füßen seiner frommen Gemahlin und benetzte ihre unbefleckten Hände mit tausend reuigen Tränen, brachte sie und die holden Kleinen unter Jubel und Frohlocken des ganzen Hauses aus der fürchterlichen Sterbekammer in ihr Gemach zurück und vernahm aus ihrem Munde den ganzen Verlauf der schändlichen Verleumdung und des Kinderraubes. Alsbald gab er Befehl, die bübische Amme zu greifen und in die Badestube zu sperren. Da fing das Feuer im Ofen lustig an zu brennen, die Flammen wirbelten hoch empor und das teuflische Weib schwitzte ohne Verzug ihre schwarze Seele aus.